essentials

essentials liefern aktuelles Wissen in konzentrierter Form. Die Essenz dessen, worauf es als „State-of-the-Art" in der gegenwärtigen Fachdiskussion oder in der Praxis ankommt. *essentials* informieren schnell, unkompliziert und verständlich

- als Einführung in ein aktuelles Thema aus Ihrem Fachgebiet
- als Einstieg in ein für Sie noch unbekanntes Themenfeld
- als Einblick, um zum Thema mitreden zu können

Die Bücher in elektronischer und gedruckter Form bringen das Expertenwissen von Springer-Fachautoren kompakt zur Darstellung. Sie sind besonders für die Nutzung als eBook auf Tablet-PCs, eBook-Readern und Smartphones geeignet. *essentials:* Wissensbausteine aus den Wirtschafts-, Sozial- und Geisteswissenschaften, aus Technik und Naturwissenschaften sowie aus Medizin, Psychologie und Gesundheitsberufen. Von renommierten Autoren aller Springer-Verlagsmarken.

Weitere Bände in der Reihe http://www.springer.com/series/13088

Andrea Hausmann

Einführung in den Kulturtourismus

Praxis Kulturmanagement

Andrea Hausmann
Institut für Kulturmanagement
Pädagogische Hochschule Ludwigsburg
Ludwigsburg, Deutschland

ISSN 2197-6708   ISSN 2197-6716   (electronic)
essentials
ISBN 978-3-658-26853-4   ISBN 978-3-658-26854-1   (eBook)
https://doi.org/10.1007/978-3-658-26854-1

Die Deutsche Nationalbibliothek verzeichnet diese Publikation in der Deutschen Nationalbibliografie; detaillierte bibliografische Daten sind im Internet über http://dnb.d-nb.de abrufbar.

Springer VS

Springer VS ist ein Imprint der eingetragenen Gesellschaft Springer Fachmedien Wiesbaden GmbH und ist ein Teil von Springer Nature
Die Anschrift der Gesellschaft ist: Abraham-Lincoln-Str. 46, 65189 Wiesbaden, Germany

Was Sie in diesem *essential* finden können

- Einführung in den Begriff, die Treiber und die wichtigsten Merkmale des Kulturtourismus
- Auseinandersetzung mit den Chancen und Risiken des Kulturtourismus
- Übersicht zu den wichtigsten kulturtouristischen Leistungsträgern auf der Angebotsseite
- Analyse der jeweiligen Interessen und Spezifika auf der Angebotsseite
- Darstellung möglicher Typologien auf der Nachfrageseite
- Analyse möglicher Kriterien zur Segmentierung kulturtouristischer Zielgruppen
- Betrachtung der Customer Journey als Instrument des Qualitätsmanagement und zur Ableitung von Marketingmaßnahmen
- Grundlagen des Risikomanagements von Cloud-Services vor dem Hintergrund des IT-Sicherheitsgesetzes
- Bewertung von Szenarien und Rollen von Cloud-Services im Kontext Kritischer Infrastrukturen
- Handlungsempfehlungen für Cloud-Nutzer und Cloud-Dienstleister

Inhaltsverzeichnis

Einführung in den Kulturtourismus 1

1.1 Kontext und Begriff

Kulturtourismus gilt seit Jahren als ein attraktiver Wachstumsmarkt, der nicht nur für Kultureinrichtungen und -veranstalter, sondern auch für viele andere touristische Leistungsträger interessante Potenziale bietet. Dabei ist empirisch belegt, dass selbst Menschen, die im Alltag kaum Zeit und Muße finden, um Kulturangebote wahrzunehmen, auf Ausflügen und im Urlaub kulturelle Sehenswürdigkeiten besichtigen, Kulturveranstaltungen besuchen oder sich mit örtlicher Geschichte und Tradition vertraut machen. Um diese Nachfrage abzuschöpfen und zu stimulieren, werden von der Angebotsseite regelmäßig Impulse gesetzt. So finden sich laufend neue Erscheinungsformen, Kooperationsverbünde und Anbieter im Kulturtourismus, wie z. B. ländliche Premiumhotels oder Kreuzfahrtschiffe, die Kultur in ihr Programm aufnehmen und damit in Konkurrenz zu den traditionellen Akteuren treten und den kulturtouristischen Wettbewerb vorantreiben (Burzinski et al. 2018, S. 19).

Als Erklärung für das anhaltend große Interesse am Kulturtourismus lassen sich verschiedene Faktoren anführen (Hausmann 2019a, S. 120):

- Die verfügbare Frei-Zeit stellt für viele Menschen ein wichtiges Element der persönlichen Lebensqualität dar; sie soll möglichst sinnvoll und mit besonderen Erlebnissen gestaltet werden. Auf der Suche nach Orientierung und Identität in einer sich immer schneller verändernden Gesellschaft wächst v. a. die Nachfrage nach kulturellem Erbe und regionalen Kulturangeboten.
- Auch in Abhängigkeit von relevanten Einflussfaktoren, wie z. B. dem steigenden Bildungs- und Einkommensniveau, gewinnen Ausflüge und Reisen mit Kulturbezug an Bedeutung; dies eröffnet den Anbietern die Möglichkeit

© Springer Fachmedien Wiesbaden GmbH, ein Teil von Springer Nature 2019
A. Hausmann, *Einführung in den Kulturtourismus*, essentials,
https://doi.org/10.1007/978-3-658-26854-1_1

zur Erschließung neuer (internationaler) Zielgruppen, wie derzeit v. a. die wachstumsstarken asiatischen Quellmärkte.

- Ebenfalls förderlich für den Kulturtourismus ist das Wachstum im Gesamtmarkt Tourismus, die hohe Anschlussfähigkeit von Kultur mit anderen Themen (z. B. Natur- und Kulturtourismus), der Trend zu (mehr) Kurzreisen und damit zu Mehrfachurlauben, die hohe Mobilität großer Teile der Bevölkerung aufgrund schneller und günstiger Verkehrsmittel sowie der Ausbau von günstigen Übernachtungskapazitäten (z. B. durch Airbnb).
- Gleichzeitig spielen demografische Faktoren dem Kulturtourismus in die Karten: So sind mehr ältere Menschen gesünder, mobiler und reisefreudiger als in den Generationen zuvor. Dabei nehmen sich auf Reisen, wie oben beschrieben, sogar jene Menschen Zeit für kulturelle Sehenswürdigkeiten und Events, die in ihrem Alltag schon länger keine aktiven Kulturnutzer/innen mehr sind (oder es noch nie waren).

Tourismus ist dabei kein neues Phänomen, seine Geschichte beginnt vielmehr bei den Pilgerfahrten und „fahrenden Scholaren", die zunächst noch aus primär wirtschaftlichen, politischen oder religiösen Motiven reisten. Mit dem Aufkommen der sogenannten *Grand Tour* des englischen Adels bzw. des gehobenen Bürgertums finden sich dann die ersten Gemeinsamkeiten zum Kulturtourismus in seiner heute bekannten Form. Bildungs- und Erziehungsmotive standen hier im Vordergrund: Die (meist jungen) Reisenden suchten zu diesem Zweck europäische Kunststädte auf und besichtigten dort Baudenkmäler, reisten durch malerische Landschaften, lernten Kultur und Sitten anderer Länder kennen und gaben ihrer Bildung den „letzten Schliff". Auch Goethes Italienreise Mitte des 17. Jahrhunderts kann als Klassiker der *Grand Tour* und Vorläufer des modernen Kulturtourismus gelten. Mit der zunehmenden gesellschaftlichen Partizipation des Bürgertums sowie der Einführung moderner Verkehrsmittel (zunächst Eisenbahn und Dampfschiff, später Flugzeug) kam es im 18. und 19. Jahrhundert zu einer Vervielfachung der Touristenzahlen bei gleichzeitiger Reduzierung der Aufenthaltsdauer, da den neuen Zielgruppen die zeitlichen und finanziellen Ressourcen fehlten (Hausmann 2019a, S. 118 f.).

In den seither vergangenen Jahren hat der Markt nichts an seiner Dynamik eingebüßt. Vielmehr im Gegenteil gilt Kulturtourismus als einer *der* wichtigen Impulsgeber im Tourismus, dem für die Zukunft weiteres Wachstum prognostiziert wird. Dies begründet sich auch darin, dass Kulturtourismus ein Teilsegment im Tourismus darstellt, das sich mit anderen Teilsegmenten, wie z. B. Geschäftstourismus, Gesundheits- und Wellnesstourismus oder Naturtourismus, besonders gut kombinieren lässt. Zudem liegen in Deutschland, wo der Tourismus insgesamt als wichtiges Standbein der Wirtschaft gilt, günstige Voraussetzungen vor. Seit 1993 ist die Entwicklung der Gästeankünfte und Übernachtungen kontinuierlich gestiegen, aktuell sind es knapp 146 Mio. bzw. 39 Mio. *Ankünfte* und 390 Mio. bzw. 88 Mio. *Übernachtungen* inländischer bzw. ausländischer Gäste. Für den Kulturtourismus besonders förderlich ist, dass Deutschland *das* beliebteste Kurzurlaubsziel der Deutschen ist und der Besuch kultureller/historischer Sehenswürdigkeiten *die* Reiseaktivität darstellt, die neben dem Aufenthalt in der Natur am häufigsten ausgeübt wird. Aber auch innerhalb Europas gilt Deutschland aktuell als *das* Urlaubs- und Kulturreiseziel Nummer eins. Begünstigend wirkt hier zweifellos, dass Deutschland über einen großen kulturellen Reichtum in attraktiven Metropolen und ländlichen Regionen verfügt, die infrastrukturell sehr gut erschlossen sind (DTV 2018a).

Grundsätzlich lässt sich festhalten, dass Kulturtourismus eine Form von Tourismus darstellt, die sich auf das (immaterielle oder materielle) kulturelle Erbe und/oder die kulturellen Einrichtungen, Veranstaltungen, Projekte etc. einer Destination bezieht und durch entsprechende Maßnahmen (Marketing, Vermittlung, Denkmalpflege etc.) für auswärtige Besucher/innen dieser Destination, die entweder im Rahmen eines *Tagesausflugs* oder einer *Tagesgeschäftsreise* kommen oder *übernachten* (in gewerblichen Betrieben, bei Freunden, Verwandten etc.), nutz- und konsumierbar gemacht wird. Diesem Essential liegt dabei folgendes Begriffsverständnis zugrunde:

> **Kulturtourismus**
> Kulturtourismus umfasst Tages- und Übernachtungstourismus, bei dem das Haupt- oder ein Nebenmotiv der auswärtigen Gäste darin besteht, das kulturelle Erbe bzw. Angebot einer Destination zu nutzen.

Neben dem Begriff des Kulturtourismus finden sich andere, ähnlich gelagerte und in der Literatur zum Teil synonym, zum Teil in Abgrenzung zueinander verwandte Termini, wie z. B. Städtetourismus, Kunsttourismus (z. B. Biennale di Venezia), Thementourismus (z. B. Route der Industriekultur, Straße der Romanik), Pilgertourismus (z. B. Jakobsweg), Eventtourismus (z. B. Lange Nächte der Museen, Eurovision Song Contest) Festivaltourismus (z. B. Bayreuther Festspiele) etc., die im Rahmen dieses Essentials als Teilmärkte bzw. Teilsegmente verstanden und dem Kulturtourismus als „umbrella term" untergeordnet werden (vgl. Hausmann 2019a, S. 123).

Anders als für den Tourismus insgesamt lassen sich für den Kulturtourismus allerdings nicht so leicht Zahlen finden, die die oben beschriebene Erfolgsgeschichte empirisch belegen. Ursache hierfür ist nicht zuletzt die Tatsache, dass sich diese Reiseform schlecht von anderen abgrenzen lässt – im weitesten Sinne kann unter Kulturtourismus (fast) alles fallen, da es kaum möglich ist, an einen Ort zu reisen und gar keine Berührungspunkte zur Kultur dieser Destination zu haben (ähnlich DTV 2006, S. 4). Dennoch hat sich die Datenlage in den letzten Jahren erheblich verbessert, was insbesondere an den folgenden beiden Studien liegt, auf die im Weiteren auch immer wieder Bezug genommen wird:

Städte- und Kulturtourismus in Deutschland 2006
Die Grundlagenuntersuchung des Deutschen Tourismusverbands (DTV) beschreibt u. a. das Nachfragevolumen und die wirtschaftliche Bedeutung des Städte- und Kulturtourismus in Deutschland. Sie nimmt eine Städtetypisierung vor, stellt besondere Erfolgs- und Attraktivitätsfaktoren heraus, zeigt Entwicklungen, Trends und Potenziale auf und gibt darüber hinaus konkrete Handlungsempfehlungen zur Bewältigung typischer Aufgaben städtetouristischer Marketingorganisationen. Anders als bei nachfolgender Studie spielte der ländliche Raum als kulturtouristische Destination in der Untersuchung von 2006 noch keine Rolle.

Kulturtourismusstudie 2018
Das *Institut für Kulturmanagement* der Pädagogischen Hochschule in Ludwigsburg hat gemeinsam mit der Agentur projekt2508 eine Kulturtourismusstudie konzipiert und durchgeführt, in der kulturtouristische Fragestellungen sowohl aus der Perspektive der Kulturverantwortlichen als auch weiterer touristischer Leistungsträger untersucht wurden. Befragt wurden im Rahmen von drei Online-Befragungen 323 Kultureinrichtungen, darunter vornehmlich Museen sowie Burgen, Schlösser, Gärten und Sakralbauten, 93 kommunale Kulturverwaltungen und 190 Tourismusorganisationen. Dem vorausgegangen waren Einzelinterviews und Gruppendiskussionen. Im Mittelpunkt standen Fragen nach dem Stellenwert des Kulturtourismus und den Effekten kulturtouristischer Aktivitäten, nach der Ausgestaltung und Intensität konkreter Kooperationsbeziehungen, nach der Reichweite von Marketingaktivitäten und dem Einsatz innovativer Instrumente im Marketing bzw. in der Vermittlungsarbeit und schließlich die Frage nach Verbesserungspotenzialen mit Blick auf die eigene Organisation, aber auch die Zusammenarbeit zwischen Kultur und Tourismus. Da die Bedeutung des ländlichen Raums seit der Studie aus 2006 stark zugenommen hat (vgl. Abschn. 2.4), spielt er in der Kulturtourismusstudie 2018 eine entsprechend prominente Rolle.

1.2   Chancen und Risiken

Kulturtourismus ist ein Markt, auf dem Angebot und Nachfrage immer wieder auf ein Neues zusammengebracht werden müssen. Wie oben angedeutet, werden von der Kultur- und Wirtschaftspolitik, aber auch von den Kultureinrichtungen und anderen touristischen Leistungsträgern in erster Linie die Chancen einer Teilnahme am Markt hervorgehoben. Da kulturtouristische Aktivitäten jedoch knappe Ressourcen konsumieren und Opportunitätskosten erzeugen, sollte die Befassung mit den Marktrisiken nicht vernachlässigt werden. Wie Abb. 1.1 zeigt, lässt sich eine Reihe sowohl positiver als auch negativer Auswirkungen des Kulturtourismus identifizieren, die nachfolgend für die Gesamtheit der touristischen Leistungsträger skizziert werden (duCros und McKercher 2015, S. 29 ff.; Hausmann 2019a, S. 139 ff.). In Kap. 2 werden spezifische Effekte für einzelne Leistungsträger (z. B. Kultureinrichtungen) vertieft.

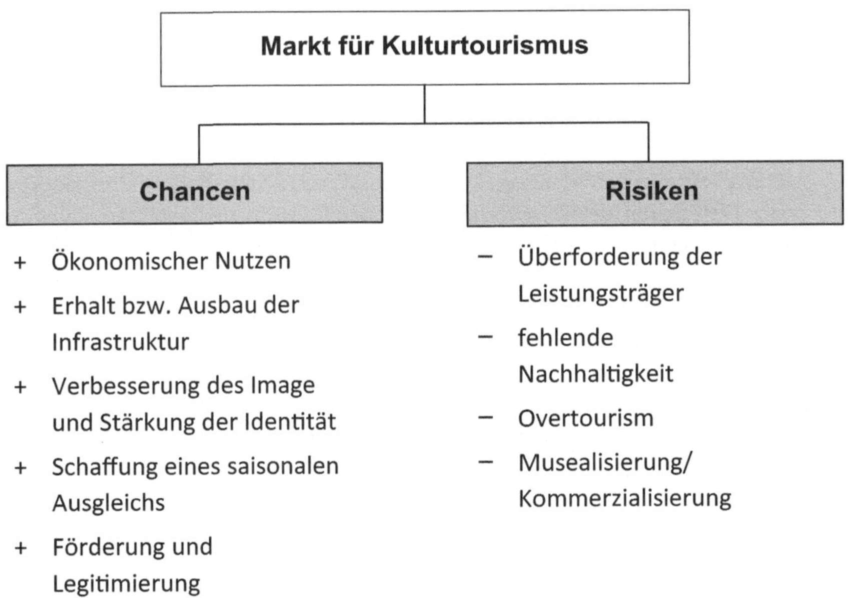

Abb. 1.1 Chancen und Risiken des Kulturtourismus

a) Chancen des Kulturtourismus

- *Ökonomischer Nutzen:* Kultureinrichtungen können die Nachfrage durch attraktive touristische Angebote und deren professionelle Vermarktung stimulieren und auf diese Weise ihre Einnahmen erhöhen. Diese zusätzlich generierten Finanzmittel können z. B. auch für notwendige konservatorische Tätigkeiten verwendet werden – ein nützliches Argument im Verständigungsprozess mit Denkmalschützern/innen, die dem Kulturtourismus nicht selten kritisch gegenüberstehen. Von einer Steigerung der touristischen Nachfrage profitiert in der Regel auch der Standort bzw. die Destination. Über sogenannte *Multiplikatoreffekte,* d. h. wirtschaftliche Auswirkungen auf vor- oder nachgelagerte Wertschöpfungsstufen durch zusätzliche Konsumausgaben, werden auch andere Akteure vor Ort (Einzelhandel, Gastgewerbe, Beherbergungsgewerbe, Zulieferer für die Kulturbetriebe und anderen touristischen Leistungsträger etc.) vom Kulturtourismus begünstigt (siehe hierzu eine Berechnung in DTV 2006, S. 10 ff.).

- *Erhalt bzw. Ausbau der Infrastruktur:* Der Kulturtourismus kann den Erhalt bzw. Ausbau der Infrastruktur vor Ort fördern, wie z. B. Verkehrswege, Gastronomie und Hotellerie, zusätzliche Kultur- und Freizeiteinrichtungen. Dies ist z. B. dann der Fall, wenn eine wirtschaftsschwache Region durch entsprechende Fördergelder (z. B. EU-Strukturfonds) überfällige Investitionsmaßnahmen durchführen kann, die zwar in erster Linie zur Erschließung des Markts für Kulturtourismus dienen, aber naturgemäß auch der Bevölkerung vor Ort zugutekommen und insgesamt die Standortfaktoren der Destination stärken (Verbesserung des Freizeit- und Wohnwertes, ggf. sogar höhere Attraktivität für Unternehmensansiedlungen).

- *Verbesserung des Image und Stärkung der Identität:* Mit der Entfaltung kulturtouristischer Aktivitäten können der Bekanntheitsgrad und das Image einer Destination bzw. ihrer Leistungsträger verbessert bzw. verändert werden (ein beispielgebendes Projekt hierfür war die Kulturhauptstadt Ruhr.2010 mit ihren positiven Auswirkungen auf ein moderneres Image für den ehemaligen „Kohlenpott"). Gleichzeitig wird davon ausgegangen, dass sich die Teilnahme am kulturtouristischen Markt auch positiv auf die einheimische Bevölkerung auswirkt, z. B. indem die touristische Nachfrage „helps preserve local cultural traditions and (…) can enhance national pride and, in doing so, safeguard traditions for communities associated with them" (duCros und McKercher 2015, S. 31).

- *Schaffung eines saisonalen Ausgleichs:* Das antizyklische Reiseverhalten vieler Kulturtouristen, die zeitlich flexibler in ihrer Reiseplanung und häufiger als andere Zielgruppen außerhalb der typischen Ferienzeiten unterwegs sind, kann zu einer Entzerrung bzw. Verlängerung der Saison und

damit zu einer gleichmäßigeren Verteilung der Besucherströme über das Jahr bzw. Auslastung bei den Leistungsträgern führen.
- *Förderung und Legitimierung:* Die Bearbeitung des kulturtouristischen Marktes kann für die Kultur- und Wirtschaftspolitik ein Entscheidungskriterium hinsichtlich der finanziellen Unterstützung bestimmter Kultureinrichtungen sowie weiterer touristischer Leistungsträger sein und gleichzeitig als Legitimationskriterium für die Verteilung dieser zusätzlichen Ressourcen dienen.

Neben diesen positiven Auswirkungen können mit der Entfaltung kulturtouristischer Aktivitäten allerdings auch Risiken verbunden sein, sodass eine umfassende *Marktanalyse* und *Kosten-Nutzen-Abwägung* im Vorfeld für alle Leistungsträger unabdingbar sind.

b) Risiken des Kulturtourismus
- *Überforderung:* Der Markt für Kulturtourismus ist dynamisch und wettbewerbsintensiv. Die Bearbeitung der touristischen Nachfrage kann zusätzliche Investitionen in die Infrastruktur einer Kultureinrichtung erfordern (z. B. Einführung eines Besucherlenkungssystems durch Zeitkartenverkäufe, neue Laufwege auf einer Anlage, Hard-/Software für professionelles Onlinemarketing, Erweiterung von Kapazitäten, z. B. in der eigenen Gastronomie etc.), deren Kosten u. U. nicht durch die zusätzlichen Erlöse gedeckt werden können (und das Budget für andere dringliche Aufgaben entsprechend schmälern). Zudem verfügen viele Kulturtouristen/innen über ein ausgeprägtes Qualitäts- und Anspruchsdenken, was laufende Kosten nach sich zieht und Ressourcen bindet (regelmäßige Mitarbeiterqualifizierung, Qualitätsmanagement etc.).
- *Fehlende Nachhaltigkeit:* Nachhaltiger Kulturtourismus „takes full account of its current and future economic, social and environmental impacts, addressing the needs of visitors, the industry, the environment and host communities" (UNWTO 2005). Die touristische Nachhaltigkeit ist also immer dann gefährdet, wenn entweder der Raum- und Ressourcengebrauch *ökologisch* nicht neutral bleibt oder in *wirtschaftlicher* Hinsicht z. B. nicht darauf geachtet wird, dass die Folgekosten infrastruktureller, etwa von der EU geförderter Projekte von einer Destination im Weiteren selbstständig getragen werden können und/oder ihre langfristige Nutzbarkeit (durch Einheimischen und/oder Auswärtige) gewährleistet ist (Drews 2017, S. 70).
- *Overtourism:* Im Kontext von Nachhaltigkeit hat sich mit dem „Overtourism" ein neuer Begriff etabliert, der im Februar 2018 von einem

Journalisten der britischen Zeitung *The Telegraph* als Wort des Jahres vorgeschlagen wurde: „The phenomenon of a popular destination or sight becoming overrun with tourists in an unsustainable way" (Collins 2018). Besonders betroffen sind einerseits europäische Kulturhighlights wie z. B. Barcelona, Amsterdam oder Rom, die so mit Touristen/innen geflutet werden, dass ein normaler Alltag für Einheimische nur noch unter erschwerten Bedingungen stattfinden kann, sowie andererseits auch historische Kulturerbestätten, wie z. B. das *Taj Mahal, Macchu Picchu* oder die Pyramiden von *Gizeh,* die mittlerweile temporär geschlossen werden müssen, um sie für zukünftige Generationen erhalten zu können. „(…) The fact is that more and more of the world's top destinations are eliciting the symptoms of chronic overtourism: any combination of overloaded infrastructure, bottlenecks at ‚must-see sights', physical damage, the alienation of locals and emergence of tourist traps" (Dickinson 2018).

- *Musealisierung/Kommerzialisierung:* Eine touristische „Übernutzung", z. B. durch unkontrollierte Besucherströme, die zu Schäden bei Objekten oder Stätten führt, stellt genauso ein Risiko dar, wie eine Musealisierung von Traditionen und Brauchtum, insbesondere, wenn sie von der einheimischen Bevölkerung abgelehnt wird, oder die Kommerzialisierung von Kultur durch dramatisierende Effekte und vermeintlich benutzerfreundliche, aber letztlich kontextlose kulturelle Angebote. Zwischen der Notwendigkeit zur Umsetzung von Serviceorientierung und Kundennähe und der Notwendigkeit zur Sicherung von Integrität und Authentizität kultureller Zeugnisse muss ein verträgliches Gleichgewicht gefunden werden.

Pro und Contra Kulturtourismus – auf der Suche nach der Balance
In seinem Beitrag „Wir prüfen, welche Kirche die meisten Punkte auf TripAdvisor hat, und wundern uns, warum da immer schon so viele Leute sind" schreibt der ZEIT-Journalist Allmaier zum Thema: „Venedig etwa: eine Stadt, die mit ihrem Karneval schon im Mittelalter um Besucher warb. Doch inzwischen kommen auf 54.000 Bewohner geschätzte 30 Mio. Touristen. Das ist, als fiele ganz Nordeuropa in Buxtehude ein. Jeden zweiten Tag verwandelt sich eine Wohnung auf der Lagune in ein Fremdenquartier. (…) Die Geschäfte für Bewohner wurden durch andere ersetzt, die den vielen Touristen dienen. Die Transportmittel seien überfüllt und für Bewohner praktisch unbenutzbar" (Allmaier 2018, S. 52). Doch nur wenige Seiten weiter kommt in derselben Ausgabe der ZEIT, die den Schwerpunkt Tourismus hatte, eine Bewohnerin mit folgender Aussage zu Wort: „Es gefällt

mir überhaupt nicht, wie die Venezianer über ihre Gäste herziehen. Ohne Tourismus hätten wir gar nichts, kein Geld, keine Arbeit, keine Zukunft. (…) Wenn wir unsere Touristen schlecht behandeln, müssen wir uns nicht wundern, wenn sie Venedig schlecht behandeln. Da muss dringend etwas geschehen" (Faber 2018).

Die Angebotsseite im Kulturtourismus

Die *Akteure* im Kulturtourismus lassen sich nach Angebots- und Nachfrageseite unterscheiden (vgl. Abb. 2.1). In diesem Kapitel werden die wichtigsten Akteure auf der Angebotsseite vorgestellt, die auch als kulturtouristische *Leistungsträger* bezeichnet werden und Teil der touristischen Leistungs- bzw. Wertschöpfungskette sind. Hierunter verstanden wird „the sequence of primary and support activities which are strategically fundamental for the performance of the tourism sector" (UNWTO 2019a, S. 20). Typischerweise wird in Akteure mit direktem Wertschöpfungsbeitrag sowie Akteure mit indirektem Wertschöpfungsbeitrag unterschieden. Zu den Akteuren mit primären Aktivitäten (Produktentwicklung, Werbung etc.) und *direktem* Wertschöpfungsbeitrag gehören u. a. die Kultureinrichtungen/-veranstalter und Tourismusorganisationen, zu den Akteuren, die Unterstützungsleistungen bereithalten und zur Wertschöpfung *indirekt* beitragen, beispielsweise das Transportwesen. Zu beachten ist, dass die Nachfrager/innen die individuellen Leistungsträger im Rahmen ihrer „Customer Journey" (vgl. Abschn. 3.2) häufig nicht als voneinander unabhängig wahrnehmen. Konkret bedeutet dies, dass Schwachstellen beim Übergang von einem zum anderen Leistungsträger beiden Seiten gleichermaßen oder sogar noch weiteren Akteuren in der Leistungskette angelastet werden.

2.1 Kultureinrichtungen und -veranstalter

Der Kulturbegriff wird im Kulturtourismus grundsätzlich weit ausgelegt. Kultur bezieht sich hier nicht nur auf Angebote der klassischen Hochkultur, sondern umfasst z. B. auch die Populär- und Alltagskultur. Dieses breite Begriffsverständnis begründet sich aus den Interessen der privatwirtschaftlichen Akteure,

© Springer Fachmedien Wiesbaden GmbH, ein Teil von Springer Nature 2019   11
A. Hausmann, *Einführung in den Kulturtourismus,* essentials,
https://doi.org/10.1007/978-3-658-26854-1_2

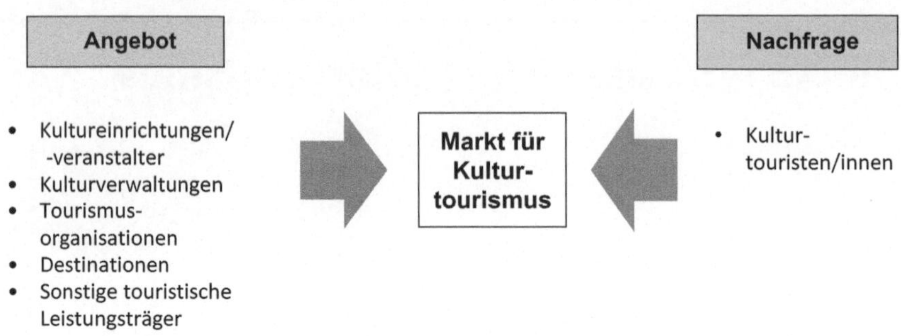

Abb. 2.1 Angebot und Nachfrage auf dem Kulturtourismusmarkt

die auf diese Weise ein größeres Angebot an Teilleistungen unter dem Label „Kultur" bündeln können, das sich breiter vermarkten lässt und mehr Nachfrage generiert. Aber auch aus Sicht der Kulturakteure ist ein breites Kulturverständnis erstrebenswert, erlaubt es doch einer Vielzahl von ganz unterschiedlichen Einrichtungen und Veranstaltern am Wachstumsmarkt zu partizipieren. Zur Systematisierung des kulturellen Angebots eignen sich folgende Kriterien:

1. Das Angebot ist bereits *vorhanden,* d. h. natürlich gewachsen (Stätten des kulturellen Erbes, Brauchtum etc.) oder es wurde eigens für den Tourismus *geschaffen* (Freilichtmuseen, Themenparks, rekonstruierte Gebäude, Folklore etc.) – ein Unterschied, der, auch wenn Authentizität ein „buzz word" im Kulturtourismus ist, die Art und Weise der Vermarktung nicht wesentlich tangiert und vielen Kulturtouristen/innen auch gar nicht bewusst ist.
2. Das Kulturangebot ist entweder *materiell* („tangible cultural heritage/assets") oder *immateriell* („intangible cultural heritage/assets"), was im Hinblick auf die Möglichkeiten und Instrumente der Vermarktung einen wesentlichen Unterschied spielt.

Mit Blick auf den zweiten Systematisierungsansatz lässt sich das *materielle* Kulturangebot wie folgt abgrenzen: „Tangible heritage includes buildings and historic places, monuments, artifacts, etc." (UNESCO 2017a). Konkret gehören hierzu z. B.

• Burgen und Schlösser,
• historische/architektonisch interessante Gebäude,

- historische Schauplätze (Gedenkstätten, Schlachtfelder, Militäranlagen, Gefängnisse etc.),
- Industriekultur (Industrielle Kulturlandschaften, Besucherbergwerke, Arbeitersiedlungen, Unternehmervillen, Werke, Türme etc.),
- Klassikfestivals und Festspiele,
- Kirchen, Klöster, Moscheen und Tempel,
- Literaturveranstaltungen,
- Museen und Ausstellungshäuser,
- Musicals,
- Opernhäuser und Orchester,
- Parks und Gartenanlagen,
- Rock-/Popkonzerte, Festivals
- Science-Center/Erlebnisausstellungen,
- Theater.

Neben diesen materiellen Attraktionen hat im Kulturtourismus das *immaterielle* Kulturerbe stark an Bedeutung gewonnen, was sich u. a. auf „traditional festivals, oral traditions, oral epics, customs, ways of life, traditional crafts, etc." (UNESCO 2017b) bezieht. In Deutschland spielen hier die zahllosen *Stadt-/Volksfeste* sowie das seit Generationen gepflegte *Brauchtum* eine Rolle, wie z. B. die Bräuche und Feste der Lausitzer Sorben, der rheinische Karneval, die schwäbisch-alemannische Fastnacht, die Passionsspiele Oberammergau oder das Münchner Oktoberfest.

Wenngleich es also eine große Vielfalt an kulturellen Akteuren gibt, ist doch auch darauf hinzuweisen, dass nicht alle Angebote gleichermaßen attraktiv für die kulturtouristische Nachfrage sind. So zeigen Studienergebnisse, dass manche Attraktionen *beliebter* als andere Attraktionen im Kulturtourismus sind (FUR 2012 sowie ähnlich Burzinski et al. 2018, S. 10 f.): Über alle Zielgruppen hinweg spielen historische bzw. architektonisch interessante Gebäude, Stadt-/Volksfeste und Museen eine *stark* überdurchschnittlich wichtige Rolle; diese Einrichtungen und Veranstaltungen gelten entsprechend als Treiber des Markts. Aber auch Science-Center, Theater-/Opernaufführungen, klassische Konzerte oder Angebote im Bereich Literatur sind für Kultururlaubsreisen überdurchschnittlich wichtig. Demgegenüber spielen andere kulturelle Angebote eine vergleichsweise geringere Rolle.

Unabhängig von der jeweils konkreten Art eines kulturellen Angebots zeigt sich bei den meisten Einrichtungen und Veranstaltern ein hohes *Interesse* an einer Marktteilnahme, denn

- Touristen können für eine Attraktion mehr Besucher/innen bedeuten,
- durch die Positionierung als touristischer Anziehungspunkt können auch die Einwohner/innen für den Wert des kulturellen Angebots vor Ort sensibilisiert werden,
- die touristische Nutzung kann zur Erhaltung des kulturellen Angebots einer Destination beitragen,
- die Legitimation gegenüber den Trägern und der Öffentlichkeit kann sich erhöhen und die Chancen auf Fördermittel können steigen,
- es können auch Menschen erreicht werden, die eine Kultureinrichtung im Alltag sonst nicht besuchen würden (Burzinski et al. 2018, S. 31).

Abschließend sei darauf hingewiesen, dass nicht wenige der am Markt aktiven Kulturakteure, insbesondere in den ländlichen Räumen, im Hinblick auf die Organisationsgröße relativ *klein* sind und über *semi-professionelle* Strukturen verfügen: Knapp die Hälfte der in der Kulturtourismusstudie 2018 befragten Kultureinrichtungen (49 %) zählt bis max. 15 Angestellte und immerhin rund jede zehnte Einrichtung wird ausschließlich ehrenamtlich geführt (Burzinski et al. 2018, S. 28). Die begrenzte organisatorische Größe muss nicht zwangsläufig bedeuten, dass eine Teilnahme am Markt für Kulturtourismus nicht möglich ist; so kann etwa durch Kooperationen vieles aufgefangen werden. Dennoch können nicht alle Kultureinrichtungen vom Wachstumsmarkt profitieren. Tab. 2.1 enthält organisationsinterne und -externe Barrieren, die eine Bearbeitung des Markts erschweren oder unmöglich machen (Hausmann 2019b, Kap. 5.5; Burzinski et al. 2018, S. 32).

Tab. 2.1 Barrieren für die Markterschließung

Interne Barrieren	Externe Barrieren
• Keine Attraktivitätsfaktoren (Exponate mit überregionaler Bedeutung, herausragende Architektur etc.) • Mangel an Ressourcen (zu wenig Personal, Budget etc.) • Mangel an Kompetenzen (kein touristisch qualifiziertes Personal) • Fehlende Kundenorientierung, Kulturtourismusmarketing keine funktionsübergreifende Denkhaltung bzw. fehlende Unterstützung aus anderen Abteilungen und/oder von der Führungsebene	• Kultureinrichtung liegt nicht in einem ausgewiesenen Reiseziel • Fehlende oder wenig professionelle bzw. adäquate Vermarktung der Destination • Kein Interesse möglicher Partner an der Bündelung kulturtouristischer Leistungspakete • Mögliche Partner erfüllen touristische Mindeststandards nicht (Gastronomie, Hotellerie etc.) • Zugänglichkeit der Destination schwierig (Sicherheitslage, fehlende Infrastruktur etc.)

2.2 Kulturverwaltungen

Die Kulturverwaltungen stellen jene Organisationseinheit der kommunalen Administration dar, die kulturelle Angelegenheiten wahrnimmt. Hier werden die sächlichen und personellen Ressourcen für die kommunale Kulturarbeit gebündelt. Kulturverwaltungen sind zum einen *koordinierende* Instanzen: Sie bereiten kulturpolitische Entscheidungen vor, setzen diese um und vergeben Haushaltsmittel. Zum anderen *leiten* sie Kultureinrichtungen und sind auch *selbst* als Veranstalter bzw. Kunst-/Kulturvermittler tätig. Auch im Kontext Kulturtourismus können Kulturverwaltungen eine wichtige Koordinationsrolle übernehmen und als *Schnittstelle* zwischen den verschiedenen kulturellen und touristischen Leistungsträgern fungieren. Manche Kommunen gehen in diesem Zusammenhang dazu über, Kultur und Tourismus in einem gemeinsamen Amt bzw. einem gemeinsamen Fachbereich zu integrieren.

Beispiel
In der Stadt Lörrach (Baden-Württemberg) vereint der Fachbereich Kultur und Tourismus die städtischen Kultureinrichtungen, wie z. B. das Dreiländermuseum Lörrach, die Stadtbibliothek, die Volkshochschule und die Musikschule. Dem Fachbereich angegliedert ist die Touristinformation, die als zentrale Anlaufstelle für alle Gäste der Stadt fungiert und deren Mitarbeiter/innen Fragen rund um das touristische Angebot und die Kultur- und Freizeitmöglichkeiten in Lörrach beantworten.

Vor allem bei der Unterstützung der vielen kleinen Kultureinrichtungen und -veranstalter mit beschränkten Marketingbudgets und sonstigen Ressourcen, sind die Kulturverwaltungen gefragt, folgende Aufgaben wahrzunehmen (siehe hierzu auch die empirischen Ergebnisse der Kulturtourismusstudie 2018; Burzinski et al. 2018, S. 51):

- *die Zusammenarbeit zwischen örtlichen Kultureinrichtungen anzubahnen, aufrecht zu erhalten und auszubauen:* Idealerweise ist in den Verwaltungen hinreichend Sachverstand vorhanden (oder auch die Einsicht, sich von externen Experten diesbezüglich beraten zu lassen), um eine thematische „Klammer" zu finden, unter der sich die unterschiedlichsten Kulturakteure mit ihren Angeboten positionieren können.

- *das kulturelle Profil einer Destination zu entwickeln und zu vermarkten:* Die Kulturverwaltung kann dazu beitragen, dass sich eine Destination auf ein bestimmtes Thema fokussiert, Einrichtungen unterschiedlicher Art und Größe stärker miteinander kooperieren und sich damit langfristig eine eindeutig profilierte Kulturmarke herausbildet, die sich touristisch vermarkten lässt.
- *Ressourcen im Marketing zu bündeln und die touristischen Aktivitäten der Kultureinrichtungen zu professionalisieren:* Besonders zielführend kann es sein, wenn die Kulturverwaltung sich als „Brückenbauer" versteht und dazu beiträgt, dass Konkurrenzdenken und Egoismen einzelner Kulturakteure wenig Raum finden und stattdessen gemeinsam an der Gesamtvermarktung und einheitlichen Qualitätsstandards gearbeitet wird.

Beispiel

Die *Berliner Senatsverwaltung für Kultur und Europa* (Abteilung Kultur) ist ein Beispiel für eine solche Kulturverwaltung, die sich mit entsprechenden Projekten, wie z. B. einem gemeinsamen Themenjahr, der Ausarbeitung eines Tourismuskonzepts oder dem seit 2009 in Kooperation mit der *Berlin Tourismus Marketing Gesellschaft* regelmäßig durchgeführten Besucherforschungsprojekt KULMON, für die Verstetigung und Professionalisierung des Kulturtourismus unter Einbeziehung zahlreicher Berliner Kultureinrichtungen aktiv einsetzt (Berlin.de 2019).

Damit Kulturverwaltungen den genannten Aufgaben professionell und strukturiert nachkommen können, müssen allerdings u. a. folgende Voraussetzungen gegeben sein:

1. Es liegen fundierte *konzeptionelle* Grundlagen vor (kommunales Leitbild, Kulturentwicklungsplanung, Tourismuskonzept etc.).
2. Die *Ausstattung* mit Ressourcen und Handlungskompetenzen ist hinreichend (Budget, kulturtouristische Kompetenzen, Fähigkeit zur Übernahme einer Vermittlungsrolle, Entscheidungsbefugnisse innerhalb der Verwaltung etc.).

2.3 Tourismusorganisationen

Tourismusorganisationen – synonym auch: Destinationsmarketing-/Destinationsmanagementorganisationen – sind Zusammenschlüsse von in der Regel sehr heterogenen, touristisch relevanten Akteuren mit dem Ziel, den Tourismus in einer bestimmten Destination durch *konzertierte* (Marketing-)Aktivitäten zu fördern und zu entwickeln. Hinsichtlich der *Betriebs-* bzw. *Rechtsform* sind die Akteure typischerweise wie folgt organisiert:

- Es gibt einen Fachbereich (auch: Amt, Abteilung, Dezernat oder Eigenbetrieb) innerhalb der öffentlichen Verwaltung von Kommunen, in dem sich in selteneren Fällen entweder ausschließlich um den Tourismus gekümmert wird oder in dem die Entfaltung touristischer Aktivitäten entweder in Kombination mit ähnlich gelagerten Aufgaben stattfindet – wie in den Kommunen typischerweise das *Stadtmarketing* oder die *Wirtschaftsförderung* (z. B. Stadt Recklinghausen: Abteilung Stadtmarketing/Tourismus; Stadt Hattingen: Fachbereich Wirtschaftsförderung, Stadtmarketing und Touristik) – oder in Kombination mit *Kultur* und themennahen Aufgabenfeldern, wie z. B. Bildung oder Sport (z. B. *Stadt Calw:* Fachbereich Bildung, Kultur, Tourismus). Auf Landes- und Bundesebene wird der Tourismus häufig mit wirtschaftsnahen Aufgaben gebündelt (z. B. Ministerium für Wirtschaft, Innovation, Digitalisierung und Energie des Landes NRW; Bayerisches Staatsministerium für Wirtschaft, Landesentwicklung und Energie; Bundesministerium für Wirtschaft und Energie).
- Sämtliche oder bestimmte mit dem Tourismus verbundenen Aktivitäten werden aus der öffentlichen Verwaltung ausgegliedert und in eine privatrechtliche Betriebs- bzw. Rechtsform überführt (z. B. Düsseldorf Tourismus GmbH; Tourismus Marketing GmbH Baden-Württemberg, Deutsche Zentrale für Tourismus e. V.).

Mit Blick auf ihre Aufgaben lässt sich ganz grundsätzlich festhalten, dass Tourismusorganisationen eine *Koordinationsleistung* für die *Gesamtheit* der touristischen Leistungsträger einer bestimmten Destination erbringen. Mit Blick auf den Kulturtourismus integrieren sie das kulturelle Angebot in das touristische Gesamtangebot einer Destination und *verknüpfen* hierbei möglichst sinnvoll die einzelnen Attraktivitätsfaktoren (z. B. Messe- und Kulturtourismus, Natur- und Kulturtourismus). Dabei ist hervorzuheben, dass Kultur eine durchaus große Bedeutung spielt, wie auch die Ergebnisse der Kulturtourismusstudie 2018 belegen: Über ein Viertel der befragten Tourismusorganisationen (27 %) sieht in Kultur *das* wichtigste profilierende Thema und jede zweite (55 %) als *eines von mehreren* bedeutsamen profilierenden Themen (Burzinski et al. 2018, S. 56 f.). Zu den weiteren konkreten *Aufgaben* gehören in Abhängigkeit von der Organisation, Größe und (ökonomischen, politischen) Bedeutung einer jeweiligen Tourismusorganisation:

- *Entwicklung eines rahmengebenden, strategischen Tourismuskonzepts für die Destination bzw. alle Akteure vor Ort:* Bereitstellung von Marktforschungsdaten, systematisches Angebot von Weiterbildungsmöglichkeiten, Definition touristischer Mindestanforderungen bzw. Qualitätskriterien.
- *Ansprechpartner für die Kulturakteure vor Ort:* regelmäßiger Austausch, Information über aktuelle Fördermöglichkeiten im Tourismus, Kontaktherstellung zu Vertriebspartnern (z. B. Reiseveranstalter), Beratung in der touristischen Angebotsgestaltung, Multiplikator in der touristischen Pressearbeit, Beratung bei Beteiligungsmöglichkeiten der Kulturakteure an übergeordneten Marketingmaßnahmen der Destination (z. B. Messeauftritt, Themenflyer, Webpräsenz).
- *Förderung des Austauschs zwischen Kulturakteuren und touristischen Leistungsträgern:* z. B. durch regelmäßige Treffen (Burzinski et al. 2018, S. 77).

Es ist für die Kultureinrichtungen und -veranstalter wichtig zu wissen, dass das Aufgabenfeld Tourismus ausgesprochen hierarchisch organisiert bzw. aufgrund des föderalistischen Systems in Deutschland auf unterschiedlichen Ebenen angesiedelt ist. Da erhebliche Empfindlichkeiten bestehen, wenn sich bestimmte Ebenen übergangen oder nicht (ausreichend) berücksichtigt fühlen, ist es empfehlenswert, sich intensiver mit den unterschiedlichen Akteursebenen zu befassen. Oder anders formuliert: Um von den Kompetenzen und Ressourcen einer jeweiligen Tourismusorganisation möglichst umfassend profitieren zu können, ist es für Kulturanbieter unumgänglich, die Akteure im Einzelnen zu kennen. Tab. 2.2 zeigt die Akteursebenen im Überblick.

a) Tourismusorganisationen auf kommunaler Ebene
Auf der untersten Hierarchieebene finden sich die Orte, Gemeinden und Städte, die das touristische Angebot vor Ort im Rahmen verschiedener Zusammenschlüsse von Akteuren entwickeln und vermarkten; sie sind typischerweise die ersten Ansprechpartner für die am Kulturtourismus interessierten Kultureinrichtungen und sonstigen Leistungsträger. Typische Schwerpunktaktivitäten sind z. B. Betreiben einer stationären Tourist-Information (inkl. Führungen zu lokalen/ regionalen kulturellen Highlights), Einrichtung und Pflege einer eigenen Website (ggf. auch einer kulturtouristischen App), Erstellung und Verbreitung von Flyern und sonstigem Informationsmaterial, Ticketverkauf für lokale/regionale Kulturveranstaltungen, Verkauf von Merchandisingprodukten.

Tab. 2.2 Akteursebenen und Beispiele

Tourismusorganisationen				
Kommunale Ebene	Regionale Ebene	Landesebene	Nationale Ebene	Internationale Ebene
• Stuttgart Marketing GmbH • Eigenbetrieb Tourismus und Events Ludwigsburg	• Schwarzwald Tourismus GmbH • Internationale Bodensee Tourismus GmbH	• Tourismus Marketing GmbH Baden-Württemberg • Tourismus NRW e. V.	• Deutscher Tourismusverband e. V. • Deutsche Zentrale für Tourismus e. V.	• World Tourism Organization

b) Tourismusorganisationen auf regionaler Ebene

Da Bundesländer typischerweise eine Vielzahl von Regionen bzw. Flächendestinationen vereinen, die in ihrem Angebotsspektrum und in ihren Identitäten sehr unterschiedlich sind (wie in Nordrhein-Westfalen z. B. die Regionen Bergisches Land, Ruhrgebiet und Niederrhein), werden touristische Interessen und Akteure auf einer nächsten Ebene regional gebündelt.

> **WelterbeRegion Anhalt-Dessau-Wittenberg e. V.**
> Der Tourismusverband WelterbeRegion Anhalt-Dessau-Wittenberg e. V. ist einer von fünf regionalen Tourismusverbänden des Landes Sachsen-Anhalt.
>
> - *Hauptaufgabe* des Verbands ist die Konzeption und Umsetzung des gemeinsamen Tourismusmarketings für die Landkreise Anhalt-Bitterfeld und Wittenberg sowie für die Städte Dessau-Roßlau und Bernburg (Saale).
> - Oberstes *Ziel* der Verbandsaktivitäten ist eine Erhöhung der Gästezahlen und damit die Stabilisierung der privaten Tourismuswirtschaft in der Region.
> - *Mitglieder* sind die Kommunen und Landkreise der Region, private touristische Leistungsträger und touristisch tätige Vereine sowie in der Sache engagierte Einzelpersonen (www.anhalt-dessau-wittenberg.de/de/wir-sind-die-region, Stand Mai 2019).

c) Tourismusorganisationen auf Landesebene

In jedem Bundesland gibt es eine Interessenvertretung, die sich mit der touristischen Gesamtvermarktung beschäftigt. Die Mitglieder setzen sich typischerweise aus Vertretern der jeweiligen Landesregierung, den Tourismusverbänden in den einzelnen Regionen sowie einer Vielzahl weiterer, im jeweiligen Bundesland tourismusrelevanter (öffentlicher und privatwirtschaftlicher) Verbände, Organisationen und Institutionen zusammen (ADAC, ADFC, Hotelgesellschaften, Flughafenbetreiber, Schifffahrt-/Bustouristik, Vereine zur Pflege von Naturschutz und Kultur etc.)

Tourismus NRW e. V.

Tourismus NRW ist der touristische Dachverband für Nordrhein-Westfalen und verfolgt das *Ziel,* den Tourismus im Land zu stärken und die Interessen der touristischen Akteure gegenüber der Politik, Verwaltung und Wirtschaft auf Landes-, Bundes- und EU-Ebene zu vertreten. Der Verband verfügt über 66 institutionelle Mitglieder (Stand 2018). Zu seinen *Aufgaben* gehören u. a.:

- Beratung der Mitglieder in allen touristischen Fragen, insbesondere die Unterstützung der Regionen/Orte und der privatwirtschaftlichen Anbieter touristischer Leistungen,
- Aufbau einer Identität für die Tourismusdestination NRW auf Basis der regionalen Tourismusprofile,
- Aufstellung und Fortschreibung eines touristischen Masterplans im Einvernehmen mit den Regionen zur Weiterentwicklung des Tourismus in NRW,
- Abstimmung der touristischen Profile der einzelnen Regionen mit den Zielen des Masterplans,
- tourismusfachliche Stellungnahmen,
- Beratung der Landesregierung in tourismuspolitischen Fragen,
- Interessenvertretung der touristischen Akteure auf Landes-, Bundes- und EU-Ebene,
- touristische Marktforschung, insbesondere das Aufzeigen von Trends im Tourismus,
- Entwicklung von Aus- und Fortbildungsmaßnahmen für überregionale Themen (www.touristiker-nrw.de/wir-ueber-uns/der-verein/, Stand Mai 2019).

d) Tourismusorganisationen auf Bundesebene

Auf Bundesebene finden sich Dachverbände, die deutschlandweit agieren bzw. Interessen bündeln und das Reiseziel Deutschland z. T. auch international vermarkten.

Deutscher Tourismusverband e. V. (DTV)

Der Deutsche Tourismusverband e. V. ist ein föderal aufgebauter touristischer Dachverband kommunaler, regionaler und landesweiter Tourismusorganisationen, der sich ausschließlich über *Mitgliedsbeiträge* finanziert. Hauptaufgabe ist der *Lobbyismus* für den Tourismus in Deutschland bzw. die Verbesserung der politischen, infrastrukturellen etc. Rahmenbedingungen für die Akteure im *Deutschlandtourismus*. Der DTV hat als Dachverband des Deutschlandtourismus rund 100 Mitglieder; hierzu gehören u. a. Landes- sowie regionale Tourismusorganisationen und Stadtstaaten. Ferner sind Städte, die drei kommunalen Spitzenverbände sowie fördernde Mitglieder, die dem Deutschlandtourismus nahestehen, im DTV vertreten (www.deutschertourismusverband.de, Stand Mai 2019).

Deutsche Zentrale für Tourismus e. V. (DZT)

Die DZT ist ein Verein bzw. eine Marketingorganisation mit Sitz in Frankfurt a. M., der/die vom DTV gegründet wurde und im Auftrag der Bundesregierung die Destination Deutschland als attraktives Reiseland im *Ausland* vermarktet.

- Die *Aufgaben* reichen von der Entwicklung eines angebots- und erlebnisorientierten Marketing, über die Bündelung und Optimierung aller Marketingaktivitäten bis hin zum flächendeckenden Vertrieb in den relevanten Auslandsmärkten.
- Die *Ziele* sind: Erhöhung des Reiseaufkommens, Erhöhung der Deviseneinnahmen, Stärkung des Wirtschaftsstandortes und Positionierung Deutschlands als vielfältiges und attraktives Reiseland.
- Zu den knapp 70 *Mitgliedern* gehören Körperschaften, Verbände etc. (DTV, ADAC, UNESCO-Welterbestätten etc.), Unternehmen (Transport, Beherbergung etc.) sowie die touristischen Marketingorganisationen aller Bundesländer.
- *Finanzierung:* 75 % durch das BMWi; 25 % durch eigene Einnahmen (www.germany.travel/de/, Stand Mai 2019).

e) Tourismusorganisationen auf internationaler Ebene
Die World Tourism Organisation (UNWTO) stellt eine Sonderorganisation der Vereinten Nationen mit Sitz in Madrid dar und fungiert sowohl als internationales Forum für Tourismuspolitik als auch als Schnittstelle zu den nationalen Tourismusträgern:

> „As the leading international organization in the field of tourism, UNWTO promotes tourism as a driver of economic growth, inclusive development and environmental sustainability and offers leadership and support to the sector in advancing knowledge and tourism policies worldwide. UNWTO encourages the implementation of the Global Code of Ethics for Tourism to maximize tourism's socio-economic contribution while minimizing its possible negative impacts, and is committed to promoting tourism as an instrument in achieving the Sustainable Development Goals (SDGs), geared towards reducing poverty and fostering sustainable development worldwide" (UNWTO 2019b).

2.4   Destinationen

Die in den Tourismusorganisationen zusammengeschlossenen bzw. von den Tourismusorganisationen repräsentierten Ausflugs- und Reiseziele werden als Destinationen bezeichnet:

> „A tourism destination is a physical space with or without administrative and/ or analytical boundaries in which a visitor can spend an overnight. It is the cluster (co-location) of products and services, and of activities and experiences along the tourism value chain and a basic unit of analysis of tourism. A destination incorporates various stakeholders and can network to form larger destinations" (UNWTO 2019, S. 14).

Viele Jahre war Kulturtourismus in erster Linie eine Erfolgsgeschichte des *Destinationstyps Stadt* und wurde vielfach als Synonym zum Begriff Städtetourismus verstanden. Städte, die kulturtouristisch interessant sind, lassen sich u. a. wie folgt kategorisieren (DTV 2006, S. 14):

- *Städtetypen nach Größenklassen:* a) *Großstädte:* $\geq$100.000 Einwohner (z. B. Berlin, Hamburg, Leipzig), b) *mittelgroße Städte:* 50.000 bis <100.000 Einwohner und $\geq$100.000 Übernachtungen p. a. (z. B. Zwickau, Worms, Konstanz), c) *kleinere Städte:* 25.000 bis <50.000 Einwohner und $\geq$100.000 Übernachtungen p. a. (z. B. Gotha, Eisenach, Coburg)

- *Funktionale Städtetypen:* a) *multifunktionale Großstädte mit internationaler Bedeutung* („Top 12"): ≥500.000 Einwohnern, deutlich über 1 Mio. Übernachtungen p. a., internationaler Flughafen, Universitätsstandort, Messestandort, umfangreiches Tagungs- und Kongressangebot, mindestens überregional bedeutsames Kulturangebot (z. B. Berlin, Hamburg, München, Stuttgart, Düsseldorf, Leipzig, Dresden); b) *große Tagungsstädte mit historischer/kultureller Bedeutung:* ≥100.000 bis 500.000 Einwohnern und mindestens 250.000 Übernachtungen p. a., Universitätsstandort, umfangreiches Tagungs- und Kongressangebot, überregional bedeutsames Kulturangebot bzw. hochrangige kulturtouristische Sehenswürdigkeiten/Attraktionen (z. B. Bonn, Karlsruhe, Wiesbaden, Augsburg); c) *kleinere Kulturstädte mit historischer/kultureller Bedeutung:* ≥25.000 bis 100.000 Einwohnern und mindestens 100.000 Übernachtungen p. a., bedeutende kulturtouristische Sehenswürdigkeiten/Attraktionen (z. B. Hildesheim, Tübingen, Marburg, Dessau)

Und auch wenn urbane Reiseziele im Kulturtourismus nach wie vor überwiegen (vgl. Burzinski 2018, S. 54), so rückt seit Kurzem doch zunehmend auch der *Destinationstyp ländlicher Raum* in den Fokus von Kulturtourismuspolitik und -marketing. Als *Treiber* hierfür gelten

- *nachfrageseitig:* gesellschaftliche Trends, wie eine wachsende Sehnsucht nach intakter Natur und Abstand vom Alltag, das stärkere Interesse an Authentizität, Tradition, Regionalität, Nachhaltigkeit und Entschleunigung sowie ein generell gestiegenes Umweltbewusstsein (u. a. „flight shaming").
- *angebotsseitig:* zum einen ein notwendiger Strukturwandel, d. h. weg von der land- und forstwirtschaftlichen Produktion hin zu einer stärker dienstleistungs- und wissensbasierten Arbeit. Darüber hinaus geht es immer auch um die Verbesserung der Versorgungs- und Infrastruktur, von der die kleinen und mittelständischen Unternehmen vor Ort sowie die einheimische Bevölkerung profitieren können: „Gerade in ländlichen Räumen kann ein lebendiger Tourismus die Lebensqualität deutlich erhöhen: Arbeitsplätze werden gesichert oder neu geschaffen und so Abwanderung verhindert. Damit können die örtlichen Angebote und die öffentliche Infrastruktur erhalten und verbessert werden (…): Der öffentliche Nahverkehr, kulturelle und Freizeitangebote, Gasthöfe und Geschäfte finden ihre Kunden" (BMWi 2014, S. 4). Schließlich wirkt sich auch der hohe Profilierungs- und Wettbewerbsdruck in der Reisebranche, die laufend auf der Suche nach neuen Themen und einer Erweiterung ihrer Kapazitäten ist, positiv aus.

Was aber genau ist der ländliche Raum? Zunächst ist mit Blick auf die Tourismuspraxis festzuhalten, dass der ländliche Raum sehr heterogen ist – sowohl *zwischen* den Bundesländern als auch *innerhalb* einzelner Bundesländer. So verfügt z. B. der ländliche Raum in Brandenburg, etwa an der Grenze zu Polen, über andere Merkmale und Voraussetzungen als der ländliche Raum in Baden-Württemberg, z. B. in der Bodensee-Region. Aber auch innerhalb eines Bundeslandes können sich die ländlichen Räume stark unterscheiden, wie am Beispiel Nordrhein-Westfalen deutlich wird: Während manche der ländlichen Räume im Regierungsbezirk Düsseldorf, wie etwa das Bergische Land und der Niederrhein, in direkter Nähe zu städtischem Gebiet (Ruhrgebiet, Rheinschiene) liegen, gibt es in den Regierungsbezirken Detmold und Münster ländliche Räume, die eine relativ große Entfernung zu urbanen Strukturen aufweisen.

In der theoretischen Auseinandersetzung empfiehlt sich ein Rückgriff auf die *Raumordnung,* einem Ordnungskonzept bzw. Planungsinstrument der Geografie, in der der ländliche Raum als das Gebiet verstanden wird, das weder Verdichtungsraum noch Randzone eines Verdichtungsraums ist. Der ländliche Raum stellt also eine *Gebietskategorie* dar, die als Gegenpol zum *städtischen* bzw. *urbanen Raum* verstanden werden kann. Das Bundesministerium für Energie und Wirtschaft (BMWi) legt seinen Analysen unter Berücksichtigung von Kriterien der Raumordnung zunächst folgendes Begriffsverständnis zugrunde: „Ländliche Räume umfassen demnach Gemeinden unter 5000 Einwohnern und Regionen mit einer Einwohnerdichte von weniger als 150 Einwohner/km², also alle Regionen außerhalb städtischer Verdichtungsräume. Dies entspricht etwa 60 % der Fläche Deutschlands" (BMWi 2014, S. 6). Da hierbei jedoch einerseits die *Wechselbeziehungen* zwischen etwas größeren Kommunen (z. B. aufgrund von Eingemeindungen/Gebietsreformen) und einem rein ländlichen Umfeld sowie andererseits die ländlichen Gebiete *innerhalb* von Ballungsräumen unberücksichtigt bleiben, erweitert das BMWi sein Begriffsverständnis auf „touristisch stärker und geringer entwickelte Regionen, zentrale und periphere Räume, übernachtungsintensive und tagestouristisch relevante Gebiete" (2014, S. 6).

Damit wird ein breites Angebotsspektrum mit und ohne direkten Bezug zur Landwirtschaft und Regionalkultur in den Blick genommen, das allerdings übergreifend folgende typische *Charakteristika* aufweist (BMWi 2014, S. 17 ff.):

- *Anbieter der touristischen Kernleistungen:* Kleinteiligkeit, Semiprofessionalität und Qualitätsdefizite (Beherbergungsgewerbe, Gastronomie etc.), begrenzte und nicht konstante Verfügbarkeit von Angeboten (Öffnungszeiten etc.), geringe Markt- und Vertriebsorientierung, geringer Grad an Kooperationsfähigkeit/-bereitschaft, Fachkräftemangel (geringe Karriereperspektiven, schwierige

Lebensbedingungen, ausgeprägte Saisonalität und damit einhergehend wechselnde Einkommensperspektiven etc.)

- *Tourismusorganisationen/Destinationen:* keine aufgabenadäquaten Tourismusstrukturen und/oder keine aufgabenadäquate Zusammenarbeit (lokal/regional), häufig existierende Parallelstrukturen in der Vermarktung, fehlende Kompetenzen und/oder fehlender Wille zur Bündelung des kleinteiligen Angebots und zur überregionalen Markenbildung, Investitionsstau bei der Freizeit- und Tourismusinfrastruktur, knappe Budgets, kleinteiliges/egoistisches Handeln (Lokalpatriotismus, Kirchturmdenken).

Da die Professionalisierung des Kulturtourismus im ländlichen Raum politisch stark gewünscht ist, sind sowohl auf Bundes- als auch auf Landesebene verschiedene Projekte aufgesetzt worden, um diese Entwicklung zu befördern.

a) Beispielprojekt auf Bundesebene

Im Jahr 2011 hat das Bundesministerium für Wirtschaft und Energie (BMWi) das Projekt „Tourismusperspektiven in ländlichen Räumen – Handlungsempfehlungen zur Förderung des Tourismus in ländlichen Räumen" mit dem Ziel initiiert, den Status quo zum Thema zu ermitteln sowie modellhafte Lösungen für Anbieter, Vermarkter, Netzwerke und die öffentliche Hand zu entwickeln. Mehr als 350 Fachleute aus Tourismuswirtschaft, Wissenschaft, Politik und Verwaltung wurden in Expertengesprächen und auf vier Regionalkonferenzen einbezogen (BMWi 2014, S. 4 ff.). Hierauf aufbauend wurde vom BMWi im Jahr 2015 das Projekt „Die Destination als Bühne: Wie macht Kulturtourismus ländliche Regionen erfolgreich?" ins Leben gerufen, um einerseits konkrete kulturtouristische Angebote zu entwickeln sowie andererseits die Gesamtentwicklung im ländlichen Raum zu stimulieren. Dazu wurden in verschiedenen Auswahlverfahren sechs *Modellregionen* – Oberlausitz-Niederschlesien, Ostfriesland, Zugspitzregion, Anhalt-Dessau-Wittenberg, Mecklenburgische Seenplatte und die Oberschwäbische Barockstraße – ausgewählt, die jeweils individuelle Coachings von Tourismusberatungsunternehmen erhielten, um praxisorientierte Lösungen, d. h. vermarktungsfähige kulturtouristische Produkte, zu erarbeiten. Diese sollten beispielhaft für andere ländliche Regionen sein, z. B. auch im Hinblick auf eine erfolgreiche Zusammenarbeit zwischen Tourismus und Kultur. Das Coaching bezog sich dabei insbesondere auf (DTV 2018b):

- *Identifizierung von Handlungsfeldern:* Für jede Modellregion sollte ein spezifisches, regionsbezogenes Thema gefunden werden, das es kulturtouristisch zu nutzen gilt.

– *Umsetzungsorientierung:* Jede Modellregion sollte kulturtouristische Produkte entwickeln, die sich auf dem Markt anbieten lassen und dort auch Nachfrage generieren.
– *Ausbildung von Umsetzungsmanagern:* Nach Abschluss des Projekts sollte mindestens ein so genannter „Kümmerer" dazu qualifiziert werden, die einzelnen Aktivitäten zu koordinieren, die Produkte zu bündeln und das Vorgehen langfristig auszurichten.

b) Beispielprojekt auf Landesebene

Gemeinsam von der Europäischen Union und dem Land Nordrhein-Westfalen wird das Projekt „Innovationsprogramm KulturReiseLand NRW" gefördert (Projektbudget: rund 1,6 Mio.). Das Projekt hat zum *Ziel,* Kulturangebote abseits der urbanen Zentren stärker in der öffentlichen Wahrnehmung zu verankern, ihre Vermarktung zu optimieren und die Bereiche Kultur und Tourismus professioneller zu vernetzen; insgesamt soll das Profil des Bundeslandes als erlebnisreiches Kulturreiseziel geschärft und dessen Position im Wettbewerb gestärkt werden. Hinsichtlich der *Maßnahmen* stehen auch hier Coachings jener Kultureinrichtungen im Vordergrund, die das größte ungenutzte touristische Potenzial aufweisen; zusätzlich werden Werbemaßnahmen finanziert und es ist ein landesübergreifender kulturtouristischer Wegweiser entwickelt worden. *Umgesetzt* wird das Projekt von Tourismus NRW e. V. in Kooperation mit acht Landschafts-, Kultur- und Tourismusverbänden Nordrhein-Westfalens.

Punktuelle Zusammenarbeit statt strategische Gesamtvermarktung
Im Zusammenspiel zwischen Tourismusorganisationen und Destinationen fällt relativ unabhängig vom konkreten Destinationstyp eine wiederkehrende Problematik auf, die in der Kulturtourismusstudie 2018 wie folgt auf den Punkt gebracht wird: Es fällt in den Aufgabenbereich von Tourismusorganisationen Strategien zu entwickeln, die der Destination gegenüber den zahlreichen Mitbewerbern eine erkennbare und – im besten aller Fälle – eine unverwechselbare Ausrichtung erlauben. Eine solche Positionierung beinhaltet u. a. die Konzentration auf (kulturelle) Themen und in Folge (kulturelle) Angebote, die für das Werden des jeweiligen Ortes entscheidend waren oder ihn im Hier und Heute prägen sowie in die Zukunft weisen. Sieht man von Einzelfällen wie den großstädtischen Destinationen ab, agieren Tourismusorganisationen und in Folge auch ihre Partner wie Kultur- und Freizeiteinrichtungen, Beherbergungsbetriebe und andere touristische Leistungsträger allerdings in der Praxis häufig noch ohne

verbindliche Strategie. Dies steht auch strategischen Kooperationen mit Kulturanbietern im Weg. Es bleibt bei punktuellen Kooperationen und Parallelstrukturen, die von Konkurrenzdenken geprägt sind. Und mehr noch: Verhindert wird ein erfolgreiches Marketing – anstelle einer fokussierten Produktpolitik werden Kulturtouristen mit Angeboten überhäuft. Überhaupt fällt es den Akteuren schwer sich zu fokussieren, denn jeder möchte angebotsseitig vom Wachstumsmarkt Kulturtourismus profitieren. So werden alle Angebote gleichermaßen kommuniziert und die Sortierung und Auswahl der unübersichtlichen Vielfalt dem Gast überlassen. Für den Gast unterscheiden sich die Destinationen dadurch kaum mehr voneinander und die Überhäufung mit Informationen führt im Zweifelsfall dazu, dass der potenzielle Besucher sich gar nicht erst auf den Weg macht. Gleichzeitig fehlen die finanziellen Mittel, um touristische Qualitätsstandards zu implementieren. Die Angst, Akteure auszuschließen steht einer konzentrierten Darstellung und Vermittlung der Destination durch ausgewählte Themen im Wege, die im Sinne eines ‚roten Fadens‘ das Bindeglied zwischen den einzelnen Angeboten darstellen und ein klares Bild von der Destination entstehen lassen könnten (Burzinski et al. 2018, S. 20 f.).

2.5   Weitere Leistungsträger

Zu den Akteuren, die fast ausnahmslos privatwirtschaftlich agieren, also im Rahmen ihrer Leistungserbringung zumindest langfristig Gewinn erwirtschaften müssen, gehören u. a.:

- *Beherbergungsbetriebe:* Haben die Funktion, Gästen eine temporäre Möglichkeit der Übernachtung anzubieten (häufig inklusive Bewirtungsleistungen). Dabei finden sich zwischen urbanem und ländlichem Raum häufig erhebliche Unterschiede: Während in der Stadt die Hotellerie dominiert, erweist sich das Übernachtungsgewerbe im ländlichen Raum als deutlich vielschichtiger, kleinteiliger und v. a. weniger professionell. Unterkunftsformen wie z. B. Ferienwohnungen, die z. T. im Nebenerwerb von Landwirtschaftsbetrieben angeboten werden, Pensionen, Gasthöfe und Campinganbieter spielen hier eine größere Rolle.
- *Transportunternehmen:* Bieten Verkehrsmedien (Flugzeug, Busse, Bahn, Schiffe etc.) an und sorgen dafür, dass Transportleistungen zum und vom Reiseziel sowie innerhalb des Reiseziels stattfinden.

- *Reisemittler:* Hierzu gehören v. a. Reisebüros, die als Absatzmittler für jene touristischen Leistungsträger fungieren, die ihre Angebote (auch) indirekt vertreiben lassen.
- *Reiseveranstalter:* Sind eigenständige Unternehmen, wie z. B. *Neckermann* oder *Studiosus,* die einerseits als Absatzmittler touristische Leistungsbündel für andere Leistungsträger (Festival, Fluggesellschaften etc.) vertreiben, aber andererseits auch eigene touristische Angebote kreieren, indem sie Produkte unterschiedlicher Leistungsträger kombinieren und, als in dieser Kombination einzigartiges Leistungsbündel, am Markt verkaufen.
- *Sonstiges:* Fachmessen, wie z. B. die *Internationale Tourismusbörse Berlin* (ITB), auf der sich rund 200 Länder mit ihren Angeboten präsentieren und auf der sich Fachbesucher (Kultureinrichtungen, Tourismusorganisationen, Destinationen, Reiseveranstalter, Hotels etc.) aus Deutschland und der Welt treffen, austauschen und vernetzen; Gäste-/Stadtführer; private Sightseeinganbieter; Segway-Tourenanbieter etc.

Die Nachfrageseite im Kulturtourismus 3

3.1 Typologie der Nachfrage

Wie bereits verschiedentlich angesprochen, geniert Kulturtourismus für viele Kultureinrichtungen und -veranstalter (zusätzliche) Nachfrage. Diese These lässt sich auch empirisch belegen:

- So gab jeder zweite der in der Kulturtourismusstudie 2018 befragten Akteure an, dass in den vergangenen fünf Jahren ein *Anstieg* an touristischen Besucher/innen verzeichnet werden konnte; bei fast einem Drittel lag der geschätzte Anteil der Kulturtouristen/innen an der Gesamtbesuchszahl sogar bei 50 % und mehr.
- Im Vergleich zwischen den verschiedenen Kultursparten zeigte sich dabei, dass insbesondere Museen und Kulturerbestätten (Burgen, Schlösser, Industrierelikte etc.) von der kulturtouristischen Nachfrage profitieren.
- Dabei besteht diese Nachfrage in erster Linie aus *inländischen* Gästen, die die befragten Kultureinrichtungen im Rahmen eines *Tagesausflugs* und als *Individualreisende* besuchten.
- Ein Teil der touristischen Nachfrage nimmt zudem einen *Rollenwechsel* vor – vom Nicht-Besucher oder Nicht-Mehr-Besucher im Alltag hin zu Nutzern/innen kultureller Sehenswürdigkeiten und Veranstaltungen im Urlaub (Burzinski et al. 2018, S. 10 ff. sowie auch Pröbstle 2018, S. 104).

Bezugnehmend auf diese ersten Erkenntnisse zu *den* Kulturtouristen/innen lässt sich festhalten, dass es im Marketing als grundsätzlich sinnvoll gilt, einen prinzipiell heterogenen Gesamtmarkt in möglichst homogene Teilsegmente aufzuteilen, um auf diese Weise die Bedürfnisse unterschiedlicher Zielgruppen besser

© Springer Fachmedien Wiesbaden GmbH, ein Teil von Springer Nature 2019   29
A. Hausmann, *Einführung in den Kulturtourismus,* essentials,
https://doi.org/10.1007/978-3-658-26854-1_3

adressieren zu können (Meffert et al. 2018, S. 116 f.; Homburg 2017, S. 139). Entsprechend ist es auch den Leistungsträgern im Kulturtourismusmarketing zu empfehlen, differenziert vorzugehen. Dabei kann auf einer *ersten* Ebene ganz grundsätzlich unterschieden werden zwischen

- *Einheimischen,* d. h. Einwohner/innen einer bestimmten Destination und
- *Auswärtigen,* d. h. Besuchern/innen, die sich zweckgebunden und temporär in einer bestimmten Destination aufhalten.

Bereits anhand dieser groben Unterscheidung werden die Vorzüge einer Segmentierung deutlich. Denn es wirkt sich zwangsläufig auf die Bedürfnisse, Wünsche, in Anspruch genommenen Unterstützungsleistungen etc. aus, ob eine einheimische Person mit dem Standort bzw. bestimmten touristischen Leistungsträgern vertraut ist oder ob sie sich, von auswärts kommend, erst einmal orientieren und zurechtfinden muss. Aus dem bisher Herausgearbeiteten lässt sich folgendes Begriffsverständnis der kulturtouristischen Nachfrage ableiten:

> **Kulturtouristen/innen**
> Kulturtouristen/innen sind Gäste einer Destination, die das kulturelle Erbe bzw. Angebot nutzen und sich hinsichtlich einer Vielzahl von Merkmalen unterscheiden (Aufenthaltsdauer, Stellenwert von Kultur als Ausflugs- bzw. Reiseanlass etc.).

Da diese Personengruppe, wie sich schon in der Begriffsabgrenzung andeutet, sehr heterogen ist, ist es auf einer *zweiten* Ebene sinnvoll, jene Merkmale zu identifizieren, die dabei helfen können, innerhalb dieser Gruppe weiter zu differenzieren, wie z. B.

- Stellenwert bzw. Nutzungshäufigkeit von Kultur (im Alltag, auf Reisen etc.),
- Erfahrungsgrad mit Kultur (Vorwissen, Rezeptionsverhalten, Umfang von Vor- und Nachbereitung kulturbezogener Aktivitäten etc.),
- Tendenz, Leistungsbündel in Anspruch zu nehmen (Kombination mehrerer kultureller Leistungen, Nutzung von begleitenden Vermittlungsangebote etc.),
- Anspruch an kulturtouristische Angebote (Art und Qualität der Erlebnisse etc.),
- Aufenthaltsdauer (Tagesausflug, Kurzurlaub etc.).

Basierend auf diesen Merkmalen, die mit weiteren typischen Segmentierungs-kriterien (z. B. Alter, Wohnort, Besuchsstatus) kombiniert werden können (ausführlich Hausmann 2019b, Abschn. 3.2.2), sind in der Literatur verschiedene *Typologien* entstanden, die sich im Grad ihrer Detailliertheit unterscheiden und für verschiedene Zwecke in Forschung und Praxis des Kulturtourismusmarketing geeignet sind. In Tab. 3.1 ist der Versuch unternommen worden, die wichtigsten Modelle im Überblick zu zeigen. Gemeinsam ist den Differenzierungen, dass es unterschiedliche Ausprägungen in der nachfrageseitigen *Motivation* gibt, kulturelle Leistungen in Anspruch zu nehmen. Dabei gilt über alle Typologisierungsversuche hinweg: Die Zielgruppe der passionierten, kenntnisreichen Kulturtouristen/innen ist klein; ihr Anteil liegt bei ca. 5 bis 10 % am Gesamtmarkt. Darüber hinaus gilt auch: Je differenzierter die Marktsegmentierung ausfällt und je mehr der Teilmärkte spezifisch adressiert werden sollen, desto *komplexer* und *ressourcenintensiver* wird die Bearbeitung. Gleichzeitig können die Identifizierung und Adressierung voneinander klar unterscheidbarer Segmente dabei helfen, Wettbewerbsvorteile aufzubauen und Marktanteile zu gewinnen. Am Ende werden die Ressourcen eines jeweiligen kulturtouristischen Leistungsträgers, aber auch seine spezifischen externen Rahmenbedingungen (Möglichkeiten zur Kooperation, Unterstützung durch den Träger etc.) ausschlaggebend dafür sein, wie differenziert vorgegangen werden kann.

Unabhängig vom jeweils gewählten Typologieansatz, ist bei der Entwicklung von Angeboten und der Ableitung weiterer Marketingmaßnahmen grundsätzlich zu beachten, dass

- die Zeit,
- das Budget und
- die Aufmerksamkeitsspanne

von Kulturtouristen/innen begrenzt sind. Vor allem der Zeitfaktor spielt eine wesentliche Rolle dahingehend, dass der weit überwiegende Teil dieser Zielgruppe ein leicht zu rezipierendes und zu konsumierendes Kulturerlebnis sucht, im Zweifel also, auch wenn Kultureinrichtungen das nicht gerne hören, kulturelle „Appetithäppchen" einem profunden, intellektuell herausfordernden Bildungserlebnis vorzieht.

Tab. 3.1 Typologien kulturtouristischer Nachfrage

Typologie nach Pröbstle (2014)	Typologie nach duCros und McKercher (2015)	Typologie nach u. a. Richards (2003), Steinecke (2013), Hausmann (2019a)
1. Passionierte Spezialisten/innen Ausgewählte Kulturangebote sind Hauptanlass der Reise. Sie verfügen über einen hohen Erfahrungsgrad, typischerweise sind sie auch im Alltag leidenschaftliche Viel-Besucher/innen. Ihre Präferenzen liegen im Bereich Musik, Oper, Schauspiel, Tanz; dabei sind sie offen für Neues und experimentierfreudig, eher kritisch ggü. Eventisierung und Starbesetzungen. Der Kulturbesuch wird umfassend und eigenständig vor- und nachbereitet. Tendenziell eher älter und gebildet	*1. Purposeful Cultural Tourist* Cultural Tourism is a primary motive for visiting a destination and the individual has a deep cultural experience	*1. Kulturtourist/in i. e. S* Für diese „kenntnisreichen Kenner/innen" ist Kultur der Hauptanlass ihrer Reise. In der Regel verknüpfen sie mehrere Kulturangebote miteinander, bereiten sich gründlich vor und verfügen über entsprechendes Vorwissen. Sie sind sowohl hinsichtlich der inhaltlichen Qualität als auch bezüglich der Organisation und des Services anspruchsvoll
2. Kenntnisreiche Traditionalisten/innen Ebenfalls tendenziell ältere, reiseerfahrene Viel-Besucher/innen allerdings mit stärkerem Schwerpunkt in der klassischen Hochkultur; weniger Interesse an Zeitgenössischem. Ebenfalls akribische Vor- und Nachbereitung, zusätzlich hohes Interesse an einer (Fach-)Vermittlung vor Ort. Auch Interesse an Museen und Ausstellungen	*2. Sightseeing Cultural Tourist* Cultural Tourism is a primary or major reason for visiting a destination but the experience is more shallow	

(Fortsetzung)

Tab. 3.1 (Fortsetzung)

Typologie nach Pröbstle (2014)	Typologie nach duCros und McKercher (2015)	Typologie nach u. a. Richards (2003), Steinecke (2013), Hausmann (2019a)
3. Aufgeschlossene Entdecker/innen Häufig Nicht-Mehr-Besucher im Alltag (z. B. aufgrund von Familienphase), auf Reisen gilt Kultur jedoch als selbstverständlich. Eher spontan und eigenständig; geringe Nachfrage nach Vermittlungsangeboten. Wandeln gerne auf nicht ausgetretenen Pfaden und sind daher häufiger als andere Typen im ländlichen Raum zu finden	*3. Serendipitous Cultural Tourist* A tourist who does not travel for cultural tourism reasons but who, after participating, ends up having a deep cultural tourism experience	*2. Kulturtouristen/innen i. w. S.* Für diese „Gelegenheitskulturtouristen/innen", „Auch-Kultururlauber/innen" bzw. „interessierten Neugierigen" ist Kultur nicht der Hauptpreisezweck. Sie verbinden vielmehr verschiedene Urlaubsaktivitäten miteinander. Da häufig nur begrenztes Vorwissen vorhanden ist, werden bevorzugt unterhaltsame, z. T. auch nur oberflächliche kulturelle Erlebnisse gesucht (Edutainment)
4. Pflichtbewusste Sightseeker Der Destinationstyp „Stadt" steht im Vordergrund, v. a. touristische „hot spots", die als „must see" in Reiseführern gelten (historische Monumente, Ausstellungen etc.). In allen Altersgruppen anzutreffen, eher unterhaltungsorientierte Erwartungen; im Alltag eher Nicht-Besucher/innen	*4. Casual Cultural Tourist* Cultural Tourism is a weak motive for visiting a destination and the resultant experience is shallow	

(Fortsetzung)

Tab. 3.1 (Fortsetzung)

Typologie nach Pröbstle (2014)	Typologie nach duCros und McKercher (2015)	Typologie nach u. a. Richards (2003), Steinecke (2013), Hausmann (2019a)
5. Unterhaltungsorientierte Ausflügler/innen Typische Nicht-Besucher/innen im Alltag. Entspannung und Unterhaltung stehen im Vordergrund des Reiseerlebens. Verknüpfen gerne verschiedene Reiseaktivitäten miteinander, Kultur ist eine „Abwechslung", gesucht wird häufiger das „must see" (z. B. historische Monumente und Stadtkerne); sind überdurchschnittlich oft im ländlichen Raum zu finden	*5. Incidental Cultural Tourist* Who does not travel for cultural tourism reasons but who nonetheless participates in some activities and has a shallow experience	*3. Zufallskulturtourist/innen* Kultur ist kein Motiv, um eine Destination zu besuchen, entsprechend wird der Besuch von Kultureinrichtungen im Vorfeld einer Reise nicht eingeplant. Er erfolgt eher spontan und zufällig (z. B. wetterbedingt), daher wird dieser Typ auch als „Stolperer" bezeichnet (typischerweise werden vor Ort nur oberflächliche kulturelle Erfahrungen gemacht)

3.2 Customer Journey

Um dieses Kulturerlebnis qualitativ so auszugestalten, dass die Kulturtouristen/innen zufrieden sind und während oder nach ihrem Aufenthalt positiv über das Erlebte berichten, ist es hilfreich, die typischen Phasen einer kulturtouristischen Reise chronologisch bzw. sachlogisch nachzuzeichnen (vgl. Abb. 3.1):

> „Der Gast möchte einen ‚perfekten' Urlaub bzw. Urlaubstag erleben. Er ist nicht an voneinander losgelösten Einzelangeboten interessiert, sondern sucht ein Produkt mit aufeinander abgestimmten Bausteinen. Erst wenn alle Bestandteile ineinandergreifen, entsteht ein perfektes Erlebnis, das der Gast weiterempfiehlt und wiederholt" (TMB 2013, S. 30).

Customer Journey
Als Customer Journey wird die idealtypische Reise von (potenziellen) Kulturtouristen/innen bezeichnet, die zahlreiche Kontaktpunkte enthält (on- und offline), an denen die Zielgruppe mit (in der Regel unterschiedlichen) touristischen Leistungsträgern interagiert.

Mit Hilfe eines *Tracking* bzw. *Mapping* der Customer Journey, die in der Literatur auch als Kundenreise, Service- oder Dienstleistungskette bezeichnet wird, kann dementsprechend nicht nur aufgezeigt werden, *welche* Berührungspunkte es zwischen der Nachfrage- und der Angebotsseite gibt, sondern auch, *wer* konkret auf die Servicequalität an einem bestimmten Kontaktpunkt Einfluss nimmt (das kann im Rahmen eines Tagesausflugs maßgeblich *ein* touristischer Leistungsträger sein, z. B. eine Kultureinrichtung, häufig werden es aber, wie zwangsläufig im Fall von Übernachtungsreisen, mehrere Leistungsträger der stark fragmentierten Angebotsseite sein). Das Ziel einer solchen Offenlegung, die Teil des touristischen

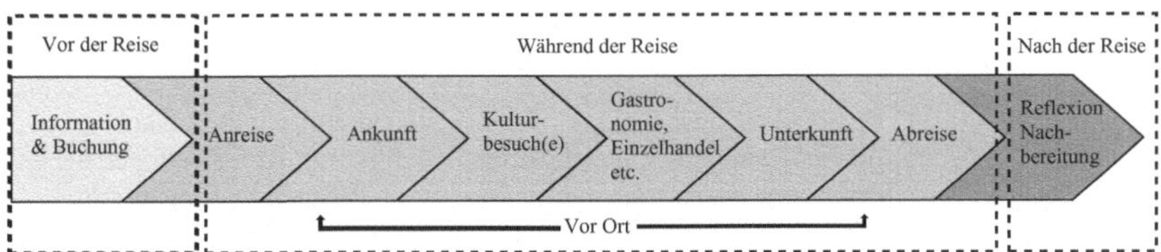

Abb. 3.1 Vereinfachte Reisekette eines kulturtouristischen Kurzurlaubs

Qualitätsmanagement ist, liegt in der Sicherung einer möglichst positiven *Customer Experience,* die nur gelingen kann, wenn sich jedes Glied der Servicekette als Markenbotschafter einer kulturtouristischen Destination versteht. Abb. 3.1 zeigt exemplarisch, wie sich eine solche Reisekette visualisieren lässt. Durch die unterschiedliche Einfärbung der einzelnen Glieder wird deutlich, dass die Customer Journey üblicherweise drei Phasen enthält (Freyer 2015, S. 114; FUR 2014; TMB 2013, S. 30 f.).

Diese Phasen sind zwar *idealtypisch* und lassen sich in der Praxis nicht überschneidungsfrei trennen, zudem können Störungen auftreten, wie z. B. dann, wenn die erste Phase nachfrageseitig aufgrund endogener oder exogener Gründe abgebrochen wird (touristisches Budget reicht nicht, Sicherheitslage in der Destination hat sich verändert etc.). Dennoch ist das Modell hilfreich, um zu verstehen, in welcher Phase welche Aktivitäten bei den beteiligten Marktparteien im Fokus stehen; in Tab. 3.2 ist der Versuch unternommen worden, typische Schwerpunktaktivitäten zusammenzustellen.

Tab. 3.2 Customer Journey: Phasen und Schwerpunktaktivitäten im Kulturtourismus

Phase	Schwerpunktaktivitäten auf der Angebotsseite	Schwerpunktaktivitäten auf der Nachfrageseite
Vor der Reise	Information und Kommunikation (direkt, ortsunabhängig: z. B. Internet, Telefon; direkt, ortsbezogen: z. B. Ticketkasse; indirekt, ortsbezogen: z. B. Werbung, Ausschilderung, Tourist-Information, Mobile Tagging etc.)	Information on- und offline (Ideensuche, Inspiration, Einstimmung etc.), Planung, persönliche Beratung, Entscheidung, Buchung bzw. Kauf
Während der Reise	Wegeleitsysteme, Information, Zugänglichkeit, Vorhaltung und Vermarktung von Komplementär-/Zusatzangeboten zur Kernleistung (intern: z. B. Vermittlungsangebote; extern: z. B. Wellness), Qualitätssicherungsmaßnahmen, Beschwerdemanagement	Orientierung, Unterstützungssuche, Informierung, (Neu-bzw. Um-)Planung (z. B. bei Nutzung von Komplementärangeboten)
Nach der Reise	Kundenbindung: Kontaktpflege, Evaluation, Beschwerdemanagement etc.; Anregung von Weiterempfehlungsverhalten	Nachbereitung und Nachbewertung, ggf. Feedback an touristische Leistungsträger, Erlebnisbewertung bzw. Weiterempfehlung (on-/offline), ggf. Planung Wiederbesuch

Was Sie aus diesem *essential* mitnehmen können

- Kulturtourismus umfasst sowohl Tages- als auch Übernachtungstourismus.
- Die empirische Datenlage hat sich seit der Kulturtourismusstudie 2018 stark verbessert.
- Die Teilnahme am Markt für Kulturtourismus birgt viele Chancen, aber auch einige Risiken.
- Die verschiedenen Leistungsträger und ihre Interessen auf der Angebotsseite sind sehr heterogen.
- Es ist v. a. für die Kultureinrichtungen und -veranstalter sehr wichtig, sich mit den touristischen, häufig privatwirtschaftlich agierenden Akteuren vertraut zu machen.
- Es gibt nicht „die" Kulturtouristen/innen. Die kulturtouristische Nachfrage muss vielmehr kriteriengeleitet so segmentiert werden, dass das Marketing unterschiedliche Bedürfnisse und Erwartungen zielgruppenspezifisch adressieren kann.

© Springer Fachmedien Wiesbaden GmbH, ein Teil von Springer Nature 2019   37
A. Hausmann, *Einführung in den Kulturtourismus,* essentials,
https://doi.org/10.1007/978-3-658-26854-1

Literatur

Allmaier, M. (19. Juli 2018). Wir prüfen, welche Kirche die meisten Punkte auf TripAdvisor hat, und wundern uns, warum da immer schon so viele Leute sind. *DIE ZEIT*, Nr. 30, S. 52.

Berlin.de. (2019). Besucherforschung. www.berlin.de/sen/kultur/kulturpolitik/kulturelle-teilhabe/besucherforschung/artikel.32441.php. Zugegriffen 14. Mai 2019.

Bundesministerium für Wirtschaft und Energie (BMWi). (2014). Tourismusperspektiven im ländlichen Raum. Handlungsempfehlungen zur Förderung des Tourismus in ländlichen Räumen. https://www.bmwi.de/Redaktion/DE/Publikationen/Tourismus/tourismusperspektiven-in-laendlichen-raeumen.pdf?blob=publicationFile&v=1. Zugegriffen: 14. Mai 2019.

Burzinski, M., Buschmann, L., & Pröbstle, Y. (2018). Kulturtourismusstudie 2018. Empirische Einblicke in die Praxis von Kultur- und Tourismusakteuren. http://www.projekt2508.de/wp-content/uploads/2018/05/Kulturtourismusstudie-2018-Webversion.pdf. Zugegriffen: 14. Mai 2019.

Collins. (2018). Wortvorschlag: Overtourism. https://www.collinsdictionary.com/de/submission/19794/Overtourism. Zugegriffen: 14. Mai 2019.

Deutscher Tourismusverband (DTV). (2006). Städte- und Kulturtourismus in Deutschland. Langfassung. https://www.deutschertourismusverband.de/service/touristische-studien/dtv-studien.html. Zugegriffen: 14. Mai 2019.

Deutscher Tourismusverband (DTV). (2018a). Zahlen, Daten, Fakten 2018. https://www.deutschertourismusverband.de/fileadmin/Mediendatenbank/Bilder/Presse/Presse_PDF/ZDF_2018_Web.pdf. Zugegriffen: 14. Mai 2019.

Deutscher Tourismusverband (DTV). (2018b). Bundesprojekt für Kulturtourismus in ländlichen Räumen. https://www.deutschertourismusverband.de/themen/kulturtourismus.html. Zugegriffen 14. Mai 2019.

Dickinson, G. (2018). Dear dictionaries, this is why 'overtourism' should be your 2018 word of the year. https://www.telegraph.co.uk/travel/comment/overtourism-word-of-the-year/. Zugegriffen: 14. Mai 2019.

Drews, K. (2017). *Kulturtourismus im ländlichen Raum an "dritten Orten" der Begegnung als Chance zur Integration von Kultur- und Tourismusentwicklung*. Hildesheim: Olms.

DuCros, H., & McKercher, B. (2015). *Cultural tourism* (2. Aufl.). London: Routledge.

© Springer Fachmedien Wiesbaden GmbH, ein Teil von Springer Nature 2019

A. Hausmann, *Einführung in den Kulturtourismus*, essentials,

https://doi.org/10.1007/978-3-658-26854-1

Flamm, S., & Piltz, C. (19. Juli 2018). Ist Venedig noch zu retten? Christine Faber im Interview. *DIE ZEIT*, Nr. 30, S. 56–57.

Freyer, W. (2015). *Tourismus. Einführung in die Fremdenverkehrsökonomie* (11. Aufl.). Berlin: de Gruyter.

FUR Reiseanalyse. (Oktober 2012). *Reiseanalyse*, Newsletter.

FUR Reiseanalyse. (2014). Customer journey. https://reiseanalyse.de/modul-customer-journey/. Zugegriffen: 14. Mai 2019.

Hausmann, A. (2019a). *Kompaktwissen Kulturmanagement, Reihe Kunst- und Kulturmanagement* (2. Aufl.). Wiesbaden: Springer VS.

Hausmann, A. (2019b). *Kulturmarketing, Reihe Kunst- und Kulturmanagement* (3. Aufl.). Wiesbaden: Springer VS.

Hausmann, A. (2019c). *Kulturtourismusmarketing – Praxis Kulturmanagement*. Wiesbaden: Springer Gabler.

Homburg, C. (2017). *Grundlagen des Marketingmanagement* (5. Aufl.). Wiesbaden: Springer Gabler.

Meffert, H., Bruhn, M., & Hadwich, K. (2018). *Dienstleistungsmarketing* (9. Aufl.). Wiesbaden: Springer Gabler.

Pröbstle, Y. (2014). *Kulturtouristen. Eine Typologie*. Wiesbaden: Springer.

Pröbstle, Y. (2017). Kulturtouristen: Ein (Zukunfts-)Portrait. In A. Klein, Y. Pröbstle, & T. Schmidt-Ott (Hrsg.), *Kulturtourismus für alle? Neue Strategien für einen Wachstumsmarkt* (S. 99–120). Bielefeld: Transcript.

Richards, G. (2005). What is cultural tourism. https://www.academia.edu/1869136/What_is_Cultural_Tourism. Zugegriffen: 14. Mai 2019.

Steinecke, A. (2013). *Management und Marketing im Kulturtourismus, Reihe Kunst- und Kulturmanagement*. Wiesbaden: Springer VS.

Tourismus Brandenburg (TMB). (2013). Kulturtourismus in Brandenburg. https://mwfk.brandenburg.de/media_fast/4055/Leitfaden_Kulturtourismus.15995197.pdf. Zugegriffen: 14. Mai 2019.

Tourismus NRW e. V. (2018). Jahresbericht 2017. www.touristiker-nrw.de/wp-content/uploads/2018/03/Webversion-des-Jahresberichts-2017.pdf. Zugegriffen: 14. Mai 2019.

Tourismus NRW e. V. (2019). Marketingmaßnahmen 2019. www.touristiker-nrw.de/wp-content/uploads/2019/02/Tourismus-NRW-Marketingplan_2019.pdf. Zugegriffen: 14. Mai 2019.

United Nations Educational, Scientific and Cultural Organization (UNESCO). (2017a). Tangible cultural heritage. http://www.unesco.org/new/en/cairo/culture/tangible-cultural-heritage/. Zugegriffen: 14. Mai 2019.

United Nations Educational, Scientific and Cultural Organization (UNESCO). (2017b). Intangible cultural heritage. http://www.unesco.org/new/en/cairo/culture/intangible-cultural-heritage/. Zugegriffen: 14. Mai 2019.

World Tourism Organization (UNWTO). (2005). Definition. http://www2.unwto.org/content/about-us-5. Zugegriffen: 14. Mai 2019.

World Tourism Organization (UNWTO). (2019a). UNWTO tourism definitions. https://publications.unwto.org/sites/all/files/pdf/9789284420858.pdf. Zugegriffen: 14. Mai 2019.

World Tourism Organization (UNWTO). (2019b). Who we are. http://www2.unwto.org/content/who-we-are-0. Zugegriffen: 14. Mai 2019.